AF395004

Monika Müller-Herrmann

Trauer und Trauerbegleitung

Ein Ratgeber für Trauernde

www.tredition.de

Verlag und Druck: tredition GmbH, Halenreie 42, 22359 Hamburg

ISBN
    978-3-7469-4104-2 (Paperback)
    978-3-7469-4105-9 (Hardcover)
    978-3-7469-4106-6 (e-Book)

Inhaltsverzeichnis

Dank und Widmung

Ich widme dieses Buch den trauernden Menschen, die mit der Tiefe ihrer Gefühle diese Welt bereichern.

Ich danke Jutta Schaller fürs unermüdliche Lektorieren und Korrekturlesen.

Vorwort: Was ist Trauer?

Trauer ist die natürliche Reaktion auf einen starken Verlust. Sie ist die Kehrseite unserer Bindungsfähigkeit und unserer Chance, Menschen zu lieben und ihnen einen festen Platz in unserem Herzen zu geben. Verschiedene Psychologen und Psychiater haben Trauer historisch ganz unterschiedlich definiert.

Sie haben einen Menschen verloren, vielleicht nach langer Pflege und Krankheit, vielleicht plötzlich und unerwartet. Der Mensch, um den Sie trauern, ist nicht mehr da und hat eine große Lücke hinterlassen. Die ersten akuten Tage waren vielleicht wie ein Schock, ein Zustand wie in einem Nebel. Ich vermute, wenn Sie diese Broschüre in Händen halten, liegt die Organisation der Beerdigung bereits hinter Ihnen, die Kondolenzbesuche ebben ab. Freunde, die direkt rund um die Beerdigung gesagt haben: „Du kannst dich jederzeit melden!" melden sich jetzt vielleicht nicht mehr so oft. Sie selbst empfinden es nicht als so passend, auf normale gesellige Anlässe zu gehen und orientieren sich jetzt neu in Ihrem Alltag. Der geliebte Mensch, Ihr Partner, ein Elternteil, ein Kind oder ein guter Freund oder die beste Freundin sind nicht mehr da. Die Lücke, die der Tod hinterlassen hat, scheint unbeschreiblich groß.

Ein Teil Ihres Lebens geht normal weiter, vielleicht wie automatisiert, sie machen sich jeden Morgen Frühstück, zwingen sich vielleicht irgendwann oder sehr schnell, wieder arbeiten zu gehen. Sie müssen vielleicht für andere Menschen da sein, Ihre Kinder und Enkelkinder oder Ihre Eltern, und haben viel zu wenig Raum für Ihre eigene Trauer.

In einem anderen Teil Ihres Lebens, der sich vielleicht mehr innerlich abspielt, wechseln sich eine quälend starke, schmerzhafte Sehnsucht nach dem verstorbenen Menschen ab mit eine Fülle von Erinnerungen und vielen Fragen, ob Sie alles richtig gemacht haben. Sie quälen sich vielleicht innerlich mit diesen Fragen und damit, den Alltag zu bewältigen. Die Vorstellung, dass Ihre Trauer ein heilsamer Prozess ist, durch den Sie hindurchgehen und an dem Sie wachsen können, ist manchmal spürbar, manchmal ganz weit weg.

Diese kleine Broschüre soll Ihnen eine kleine Hilfestellung sein, wenn die ganz akute, erste Schockphase überwunden ist und Sie sich fragen, wie Sie nun mit der Trauer umgehen sollen, wie Sie Ihr Leben weiter leben sollen. Vielleicht fragen Sie sich, ob Sie eine Trauerberatung in Anspruch nehmen wollen oder ob Sie alleine mit der neuen Lebenssituation klarkommen. Sie fragen sich, wie lange der Prozess der Trauer wohl anhalten wird.

Ich selbst bin durch zwei sehr schmerzhafte Trauerprozesse durchgegangen und kenne daher auch die Perspektive der Trauer. Seit einigen Jahren bin ich als Trauerbegleiterin tätig und habe diese Broschüre ursprünglich als Handreichung für die Menschen verfasst, die in meine Praxis kommen.

Was sagen andere Psychologen und Psychiater zum Thema Trauer?

Sigmund Freud verstand Trauer als die Reaktion auf den Verlust einer geliebten Person oder einer an ihrer Stelle gerückten Abstraktion wie Vaterland, Freiheit, ein Ideal usw. (Freud, Trauer und Melancholie, Frankfurt, Fischer 1917, 1981 428f). Freud postulierte in dieser Schrift den Trauerprozess als „Trauerarbeit". Es sei die wesentliche Aufgabe des Trauernden, sich von der verstorbenen Person (dem Objekt) zu lösen. Die libidinöse Verbindung zum geliebten Objekt verhindere, dass sich neue libidinöse Verbindungen entwickeln können.

Dennoch notiert Freud selbst in einem Brief an seinen Freund Binswanger über den Tod seiner Tochter: „Gerade heute wäre meine verstorbene Tochter 36 Jahre alt geworden... man weiß, dass die akute Trauer nach einem solchen Verlust ablaufen wird, aber man wird ungetröstet bleiben, nie einen Ersatz finden. Alles, was an die Stelle rückt, und wenn es sie auch ganz ausfüllen sollte, bleibt doch etwas anderes. Und eigentlich ist es recht so. Es ist die einzige Art, die Liebe fortzusetzen, die man ja nicht aufgeben will. (Freud am 12.4.1929 in einem Brief an seinen Freund Binswanger, gefunden in: Chris Paul, Neue Wege in der Trauer- und Sterbebegleitung, Gütersloher Verlagshaus, 2001).

Verena Kast beschreibt Trauer als die Emotion, durch die wir Abschied nehmen, Probleme der zerbrochenen Beziehung aufarbeiten und so viel als möglich von der Beziehung und den Eigenheiten des Partners oder der Partnerin integrieren können, so dass wir mit neuem Selbst- und Weltverständnis weiter zu leben vermögen. (Verena Kast: „Trauern Phasen und Chancen des psychischen Prozesses", Kreuz Verlag Freiburg, im Vorwort in der 34. Auflage, 2012, S. 12) und weiter „Trauern darf nicht länger als Schwäche betrachtet werden, sondern es ist ein psychologischer Prozess von höchster Wichtigkeit für die Gesundheit des Menschen (ebenda, S. 21)

Verena Kast schildert Trauer als einen Prozess von vier Phasen. Die erste Phase nannte sie die Phase des Nicht-Wahrhaben-Wollens, die zweite Phase die aufbrechenden chaotischen Emotionen, die dritte Phase des Suchens, Findens und sich Trennens, die vierte Phase des Neuen Selbst- und Weltbezugs. (Vorwort von Verena Kast in C.S. Lewis „Über die Trauer", Zürich, Benzinger Verlag 1998) Auch von anderen Autoren werden Phasenmodelle beschrieben. Das Problem dieser Modelle ist wie bei den Sterbephasen von Elisabeth Kübler-Ross, dass sie zunächst normativ verstanden wurden, als ob jeder Trauernde sie in der vorgeschriebenen Reihenfolge einmal durchlaufen müsste.

Aber schon Verena Kast selbst schrieb: Die Phasen wiederholen sich, immer wieder muss man sie durchstehen. Wenn immer das Gefühl des Verlustes vorherrscht, erleben wir uns in der Phase der aufbrechenden Emotionen. Mit der Zeit – und daran erweist es sich, dass auch bei diesem psychischen Prozess das Symbol der Spirale seine Geltung hat – weiß man, dass diese Phasen der Verzweiflung auch wieder ihr Ende finden werden, dass die Phasen des relativen Wohlbefindens auch wieder eintreten werden." (Vorwort von Verena Kast in C.S. Lewis „Über die Trauer", Zürich, Benzinger Verlag 1998, S. 15)

Einige Trauertheoretiker haben auch versucht, „Traueraufgaben" zu formulieren, so ergänzend zu Verena Kast Phasen hier zugeordnet die Traueraufgaben von William J. Worden.

Quelle für die Trauerphasen: Kast V. (1999). Trauern. Phasen und Chancen des psychischen Prozesses. Stuttgart: Kreuz. Quelle für die Traueraufgaben: Worden, W. (2011). Beratung und Therapie in Trauerfällen. Ein Handbuch. Bern: Huber.

Tabelle 1: Gegenüberstellung Trauerphasen und Traueraufgaben

Trauerphasen	Traueraufgaben
Trauerphasen nach Verena Kast	Traueraufgaben nach William Worden
Phase des Nicht Wahrhaben Wollens	Den Verlust als Realität akzeptieren
Phase der aufbrechenden Emotionen	Den Schmerz verarbeiten
Phase des Suchens und sich Trennens	Sich an eine Welt ohne die verstorbene Person anpassen
Phase des neuen Selbst- und Weltbezugs	Eine dauerhafte Verbindung zu der verstorbenen Person inmitten des Aufbruchs in ein neues Leben finden

Es mag für Sie befremdlich erscheinen, dass Sie als Trauernde „Aufgaben" erfüllen sollen, während Sie sich erst einmal tagtäglich Ihrer Trauer stellen und es einfach erst einmal darum geht, diese Gefühle auszuhalten. Der Prozess, der hier mit den Traueraufgaben beschrieben ist, kann durchaus über ein bis vier Jahre lang dauern. Diese Lebensaufgaben sind aus der Sicht von Trauertherapeuten formuliert, die Sie über einen längeren Prozess begleiten und Ihnen helfen wollen, wieder in ein normales Leben zurück zu finden. Es geht hierbei nicht darum, alles loszulassen und zu vergessen, sondern es geht darum, mit sich selbst auszuhandeln, welchen Platz und welche Rolle die Erinnerung an den Verstorbenen in Ihrem Herzen haben kann und soll nach einigen Jahren.

William J. Worden beschreibt in seinem Buch Beratung und Therapie in Trauerfällen (William J. Worden, Beratung und Therapie in Trauerfällen, Bern, Huber, 4. Überarbeitete Neuauflage, 2011) folgende Gefühlslagen für Trauer: Traurigkeit, Wut, Schuldgefühle und Selbstvorwürfe, Angst, Einsamkeit, Erschöpfung, Hilflosigkeit, Schock, Sehnsucht, Sehnsucht, Befreiung, Erleichterung und emotionale Taubheit. Alle diese Gefühlslagen können bei „normaler" Trauer auftreten.

Als körperliche Reaktionen beschreibt er Ausdrücke, die Trauernde oft benutzen: „Stein im Magen", Beklemmungen in der Brust, zugeschnürte Kehle, Überempfindlichkeit gegen Lärm, das Gefühl, neben sich zu stehen, Atemlosigkeit, Kurzatmigkeit, Muskelschwäche, Energielosigkeit, Mundtrockenheit.

Als typische kognitive Veränderungen und Denkmuster im Trauerprozess beschreibt er: Leugnung, Verwirrung, ständige gedankliche Beschäftigung mit der verstorbenen Person, gefühlte Präsenz der verstorbenen Person und kurze Halluzinationen (Momente, in denen für Bruchteile von Sekunden die verstorbene Person gesehen wird.).

Als typische Verhaltensweisen, über die Trauernde klagen, beschreibt Worden Schlafstörungen, Appetitstörungen, Zerstreutheit, sozialer Rückzug, Träume von der verstorbenen Person, Vermeidungsverhalten, Suchen und Rufen, Seufzen, Rastlosigkeit und Hyperaktivität, Weinen, Aufsuchen von Orten oder bei sich Tragen von Gegenständen, die an die verstorbene Person erinnern, Überhöhung von Objekten aus dem Besitz der verstorbenen Person.

Ein modernes Trauermodell, das ganz ohne Phasen und auch ohne Aufgaben auskommt, ist das duale Prozessmodell der Trauerbewältigung nach Stroebe und Schut . Es unterscheidet zwischen verlustorientierten und wiederherstellungsorientierten Verhaltensweisen und Denkmustern. Es wird als normaler Bestandteil der Trauerbewältigung angesehen, dass die trauernde Person in ihrer Alltagserfahrung immer wieder zwischen beiden Prozessen hin und herspringt, sozusagen osziliiert. Mal sind wir damit beschäftigt, uns dem Verlust zu stellen, zu weinen, zu klagen, aktiv zu trauern. Mal lenken wir uns wieder mehr ab, sind lösungsorientiert, aufs neue Weiterleben hin ausgerichtet. Diese Prozesse wechseln sich ab, bestehen nebeneinander, sind gleichzeitig da. Keines ist besser oder schlechter, beides gehört zur Trauer hinzu.

Was denken Sie über diese Trauergaben?

Woran merke ich, dass Trauer mich schon zu lange quält?

Das ist eine Frage, die Trauernde sehr oft beschäftigt. Während für die Trauernden das ganze Leben völlig anders ist, weil der geliebte Mensch nicht mehr da ist, geht für die Umgebung das normale Leben weiter. „Das Leben geht weiter.", „Lenk Dich ab!" „Du musst mehr rausgehen, mehr unter Leute gehen…!" Das sind gut gemeinte Ratschläge, die Trauernde oft hören. Gut gemeint ist hier oft das Gegensteil von gut. Die Frage, dauert meine Trauer vielleicht zu lange, entsteht zum einen aus dem inneren Leidensdruck, zum anderen aus der Ungleichzeitigkeit des eigenen Erlebens und des Erlebens der Umgebung. Während Sie noch lange von Erinnerungen zehren, noch oft vom Verstorbenen erzählen wollen, will Ihre Umgebung ihr Leben normal weiterleben und sich Neuem zuwenden.

Die Frage ist, wie viel Zeit wollen Sie sich für den Trauerprozess geben? Wollen Sie, dass der Trauerschmerz ganz schnell von Ihnen genommen wird, weil er einfach unerträglich ist? Oder geben Sie sich Zeit, durch den Trauerschmerz zu gehen? Sind Sie bereit, Ihren Trauerschmerz anzunehmen, weil er ein Preis ist für die Liebe und Verbindung, die Sie zu dem oder der Verstorbenen hatten? Können Sie Ihre Trauer annehmen als einen heilsamen Prozess, durch den Sie wieder zu sich zurückfinden und lernen, Ihr Leben ohne die verstorbene Person anzunehmen?

In unserer Kultur gab es früher das Trauerjahr, das als eine natürliche Einheit im Trauerprozess galt. Das erste Jahr ohne den geliebten Menschen ist eine ganz besondere Zeit. Das erst Mal Weihnachten, Geburtstag, vielleicht Hochzeitstag und den ersten Todestag zu durchleben, ist etwas ganz Wichtiges. Viele Trauernde merken, dass ihre Trauer in Wellen kommt, in Schüben und Phasen. Mal denken Sie, Sie seien fast darüber hinweg, mal kommt wieder so ein besonderer Gedenktag, und es geht Ihnen wieder deutlich schlechter.

Es gibt kein festes Zeitmaß, wie lange eine „gesunde" Trauer dauert. Psychiatrische Einschätzungen liefern hier ganz unterschiedliche Zeitvorschläge. Die Bandbreite ist groß von amerikanischen Psychiatern, die meinen, schon nach zwei Wochen etwas Krankhaftes feststellen zu können, bis zu deutschen Psychiatern, die ihnen maximal ein halbes Jahr lang Zeit geben für einen gesunden Trauerprozess. Geben Sie sich die Zeit, die Sie brauchen. Die Zeit der Trauer hängt auch ganz stark von der Intensität der Bindung und von der Länge der Beziehung mit dem verstorbenen Menschen ab. Nach 30 oder 50 Jahren Ehe kann ein Trauerjahr noch sehr wenig sein. Ebenso kann der Verlust eines Kindes ein ganzes Leben so sehr erschüttern, dass ein Jahr sehr wenig Zeit ist.

Hatten Sie auch schon oft den Gedanken, dass Ihre Trauer zu lange anhält? Dass der Schmerz nicht zu ertragen ist? Notieren Sie in Ihrem Trauertagebuch Ihre Gedanken dazu.

Wie viel Zeit wollen Sie sich für Ihren Trauerprozess geben? Was erscheint Ihnen angemessen? Was wäre aushaltbar?

Wer braucht eine Trauerberater*in?

Wenn ich von meinem Beruf erzähle, höre ich oft: „Wer braucht eigentlich eine Trauerberater*in? Was macht die? Wozu dient das? Oder kommt die Trauer nicht ganz von selbst und ganz von alleine?"

Trauerberater*innen halten Trauer für einen natürlichen Prozess, für eine natürliche Reaktion auf einen Verlust. Dennoch kann Trauer um einen engen Angehörigen zu einer seelischen Krise führen. Nichts ist auf einmal mehr so wie vorher. Der geliebte Mensch, um dessen Pflege und Betreuung sich monatelang oder sogar jahrelang alles drehte, ist nicht mehr da. Oder der Tod kam plötzlich und unerwartet. Auf alle Fälle ist da eine große Lücke im Leben.

Manchmal kommt nach einer ersten Phase des Schocks die Trauer ganz von alleine. Gute Freunde und Verwandte hören zu. Manchmal dauert die Phase des Schocks aber sehr lange an und die Trauer sitzt fest, löst sich nicht. Auch wenn Freunde und Verwandte eine Zeitlang zuhören, kommt nach einiger Zeit der Satz: „Das Leben geht weiter!" oder noch stärker „Jetzt reiß Dich zusammen. Geh raus, lenk Dich ab!" Die Umgebung, deren Leben ganz normal weiter geht, hat oft nicht die Geduld, die der oder die Trauernde braucht. Es herrscht ein Unverständnis, wie lange gesunde, normale Trauerprozesse anhalten... ein halbes Jahr? Ein Jahr? Drei Jahre? Ist das dann noch Trauer?

Oder Freunde und Verwandte ziehen sich zurück, meiden den Kontakt, rufen anfangs noch an, kondolieren, und melden sich dann nicht mehr. Aus Angst und Unsicherheit, weil sie nicht wissen, was sie sagen sollen. Weil sie meinen, der oder die Trauernde sollte sich selbst melden und sagen, was er oder sie braucht. Dabei fällt genau das schwer. Witwen und Witwer erleben z.B. sehr oft, dass befreundete Paare sich abwenden, nicht mehr einladen. Sie sind jetzt das dritte oder fünfte Rad am Wagen. Oder dass Menschen auf der Straße plötzlich die Straßenseite wechseln, weil sie nicht wissen, wie sie kondolieren sollen.

Viele Trauernde müssen sehr schnell wieder arbeiten gehen, müssen funktionieren, schieben die Trauer vorerst mal weg. Es ist so viel zu tun und zu erledigen, vielleicht sind da Kinder oder Eltern, die einen weiterhin brauchen, trotz Trauer. Vielleicht ist da ganz viel zu regeln, manche müssen sich sehr schnell eine kleinere Wohnung suchen oder ganz für die Kinder da sein. Die Trauer zeigt sich dann vielleicht anders, in Einsamkeit, Schlafstörungen, Appetitlosigkeit und in vermehrten Infekten.

Witwer und Witwen merken vielleicht, dass sie untereinander mehr Gemeinsamkeiten haben als Menschen, die noch als Paar leben. Sie sind auf eine ganz unfreiwillige Weise auf einmal wieder Single in einem Lebensabschnitt, der auf ein Leben zu zweit ausgerichtet war. Menschen, die ein Kind verloren haben, merken, dass Sprechen mit anderen Paaren mit gesunden, lebendigen Kindern schwer fällt. Wer ein Geschwisterteil, den besten Freund oder die beste Freundin verloren hat, spürt einen starken Verlust im Leben, kann nicht zur Tagesordnung übergehen. Hier kann der Austausch mit anderen Betroffenen sehr helfen.

Früher gab es in unseren Gesellschaften ein nach außen sichtbares Trauerjahr. Meine Uroma trug lange ein schwarzes

Kleid, dann eine Zeitlang ein schwarzgeblümtes Kleid. Auch wenn uns solche Rituale heute nicht mehr passend erscheinen, konnten Trauernde damit früher zeigen, dass sie noch in Trauer sind und eine andere Rolle haben. Diese Signale haben wir verloren. Nach einem schwerwiegenden Trauererleben gibt es oft nur einen Tag Sonderurlaub. Kollegen und Kolleginnen, Freunde und Freundinnen sind oft sprachlos, verlegen, unsicher.

Trauerberater*innen können hier ganz viel tun. Sie kommen aus ganz unterschiedlichen Berufen, haben meist selbst schon einmal einen schweren Trauerfall durchlebt und haben sich weitergebildet für die Beratung. Sie bieten einen geschützten Raum für die einzelne Person in Trauer wie für den Austausch untereinander in der Gruppe. In der Trauerberatung ist es möglich, die Trauer zuzulassen, sie behutsam „auszulösen". Ihr ihren natürlichen Verlauf und Prozess zurück zu geben. Damit sie sich lösen, durchlebt werden kann und der Weg langsam frei wird für eine neue Sicht auf das eigene Leben. Aber dafür muss die Trauer erst einmal gewürdigt werden, braucht ihren Platz, wo sie sich zeigen darf. Trauerberater*innen lassen Ihnen dafür das eigene Tempo.

Die Formen können Einzelberatungen sein, ein niedrigschwelliges Trauercafé oder eine angeleitete Trauergruppe. Hier können sich Trauernde untereinander austauschen. Der Austausch mit anderen Menschen, die auch in der Trauer sind, kann sehr heilsam und stärkend sein. Hier ist Verständnis füreinander möglich und auch ein gemeinsames, neues Netzwerk an Kontakten. Aber nicht jede*r oder jede*m liegt das Gruppenerleben. Manche bevorzugen die Einzelberatungssituation.

Welche Angebote gibt es für trauernde Menschen?

1.   Selbsthilfegruppen: Bei Selbsthilfegruppen treffen sich trauernde Menschen regelmäßig oder unregelmäßig selbstorganisiert. Betroffene sind unter sich. Wo Sie in Ihrer Nähe eine gute Selbsthilfegruppe finden können, erfahren Sie z.B. im Internet oder über die nächste Selbsthilfekontaktstelle. Die bekanntesten Selbsthilfegruppen im Zusammenhang mit Trauer sind verwitwet.de, verwaiste Eltern, AGUS (Angehörige um Suizid) und die Initiative Regenbogen.

Der Vorteil einer Selbsthilfegruppe: Sie ist niedrigschwellig, ermöglicht einen Austausch unter Betroffenen, es gibt keine „Ratschläge" von nicht betroffenen „Profis", und die Kosten sind meist auch sehr niedrig. Entweder sind sie ganz kostenlos oder man teilt sich die Raummiete und die Broschüren. Der Nachteil der Selbsthilfegruppen kann sein, dass sie etwas unstrukturiert ablaufen und für schwierige Trauerverläufe oder bei schwieriger Gruppendynamik keine professionelle Leitung zur Verfügung steht.

2.   Trauercafés: Trauercafés sind mehr oder weniger gesellige Treffen, die ehrenamtlich oder in einer Mischung aus Ehrenamtlichen und Hauptamtlichen geleitet werden. Sie werden von Hospizdiensten, Hospizen, Bestattern, Kirchengemeinden oder anderen Vereinen und Nachbarschaftsinitiativen angeboten. Gegen eine geringe Gebühr für Kuchen und Kaffee können sich Trauernde austauschen und verabreden. Meistens gibt es einen nett gedeckten Tisch. Das Gespräch ist nur teilweise moderiert. Gespräche mit Haupt- und Ehren-

amtlichen Leiter*innen und Begleiter*innen sind auch möglich.

3. Trauerwanderungen oder Trauer-Geh-Spräche: Trauerwanderungen sind ein Angebot, das meist niedrigschwellig und kostengünstig von Hospizgruppe angeboten wird. Gemeinsam in der Natur zu laufen, etwas aussprechen zu können, aber auch schweigend mitlaufen zu können, kann eine ganz große Erleichterung sein. In der gemeinsamen Bewegung sind andere Gespräche möglich als im Stuhlkreis sitzend.

4. Offene Trauergruppen: Offene Trauergruppen werden haupt- oder ehrenamtlich geleitet. Sie sind strukturiert, haben einen klaren Anfang und Ende, aber die Zusammensetzung der Teilnehmer*innen wechselt von Mal zu Mal. Es gibt einen strukturierten Ablauf, meistens eine Anfangsrunde zum Anfangen und zur Vorstellung, einen Teil mit Impulsen und Austausch und einen Teil zum Verabschieden. Aber es können von Mal zu Mal ganz unterschiedliche Menschen dabei sein. Die Preise schwanken sehr von kostenlosen Angeboten bis zu 10 bis 30 Euro pro Abend. Der Vorteil ist, man kann jederzeit einsteigen, im eigenen Rhythmus kommen, legt sich nicht fest.

5. Geschlossene Trauergruppen: Hier melden Sie sich verbindlich an. Meistens gibt es ein verbindliches Vorgespräch, dann folgt eine feste Serie von Terminen, z.B. 10 Abende. Es wird ein Gesamtpreis für die Abende gezahlt und die Gruppe trifft sich in fester Zusammensetzung. In dieser Form der Trauerbegleitung ist mehr Vertrauen und Offenheit möglich. Es gibt einen strukturierten Ablauf und eine haupt- oder ehrenamtliche Leitung. Vorteil der Gruppen ist die grö-

ßere Vertraulichkeit, man lernt sich besser kennen durch die feste Zusammensetzung, und es entstehen engere Kontakte untereinander. Der Nachteil ist, dass diese Gruppen auch ein festes Ende haben und damit wieder beendet sind zu einem fest bestimmten Zeitpunkt. Die Trauernden können so nicht selbst bestimmen, wie lange sie kommen möchten. Kosten für z.B. 10 Abende schwanken zwischen 50 und 300 Euro. Sie können nicht jederzeit einsteigen, sondern müssen warten, bis die nächste Gruppe wieder beginnt.

6. Einzelberatung in Trauerbegleitung: Trauernde können Einzelberatung in Anspruch nehmen bei Hospizdiensten, kirchlichen Beratungsstellen oder bei selbständigen Trauerberater*innen. Je nach Träger der Beratung ist diese kostenlos oder kostet 50-100 Euro pro Stunde. Eine Einzelberatung hat den Vorteil, dass Sie sich sehr vertrauensvoll und ausführlich beraten lassen können. Sie hat den Nachteil, dass der Austausch mit anderen Trauernden fehlt, der oft als sehr wertvoll erlebt wird. Deswegen kombinieren viele die Einzelberatung mit Gruppen.

7. Psychologische Psychotherapie: Bis jetzt gilt Trauer als natürliche Reaktion auf einen Verlust. Es gibt bis jetzt in den Abrechnungssystemen von Ärzten und Psychotherapeuten noch keine „Trauerstörung", selbst wenn die Trauerphase sehr lange anhält oder der Leidensdruck sehr hoch ist. Wenn ein*e Kassenpsychotherapeut*in in Anspruch genommen wird, wird daher bis jetzt immer eine Ersatzdiagnose gestellt, z.B. eine Depression oder eine Anpassungs- und Belastungsstörung. Kassenpsychotherapeuten haben meistens längere Wartezeiten, bieten selten Gruppenberatungen an und können nur bei zwei Methoden abrechnen: Als Verhaltensthera-

peuten oder als tiefenpsychologisch orientierte Therapeuten. Als Ratsuchende haben Sie bei Inanspruchnahme einer Kassenpsychotherapie keinerlei Kostenbelastung und eine eventuell sich einschleichende echte psychische Störung wird hier sehr schnell erkannt. Sie haben keinen Kostenbeitrag zu tragen, müssen aber mit längeren Wartezeiten auf einen Psychotherapieplatz rechnen (20 bis 25 Wochen sind durchaus üblich!) und mit Psychotherapeut*innen, die nicht auf Trauerbegleitung spezialisiert sind. Wenn es für Sie unerheblich ist, dass in Ihrer Krankenakte eine psychische Erkrankung eingetragen wird, ist das ein sehr guter Weg, zu einer soliden psychotherapeutischen Grundversorgung zu kommen.

8. Was ist der Unterschied zwischen Trauerbegleiter*innen und Psychotherapeut*innen? Trauerbegleiter*innen kommen aus ganz unterschiedlichen Berufsfeldern, sie arbeiten haupt- oder ehrenamtlich, und sind speziell geschult in Trauerbegleitung. Für Trauerbegleiter*innen ist Trauer ein natürlicher Prozess, der manchmal einer einfühlsamen Begleitung bedarf. Der Begriff „Trauerbegleiter*in" ist nicht geschützt. Es gibt unterschiedliche Ausbildungen. Es gibt kurze Schulungen, die sogenannte kleine Basisqualifikation, mit 70-80 Unterrichtsstunden. Es gibt ausführliche Schulungen, die sogenannte große Basisqualifikation, mit 220 bis 250 Unterrichtsstunden. Diese sollte vom Bundesverband für Trauerbegleitung anerkannt sein.

Psychotherapeut*innen sind Ärzt*innen oder Psycholog*innen, die eine Psychotherapeutische Zusatzausbildung haben, meistens verhaltenstherapeutisch, psychoanalytisch, tiefenpsychologisch, gestalttherapeutisch oder systemisch. Die Krankenkassen akzeptieren nur die Verfahren tiefenpsychologisch, verhaltenstherapeutisch und psychoanalytisch. Es gibt aber über 200 verschiedene Psychotherapieverfahren. Außerdem kann Psychotherapie von Heilpraktikern für Psychotherapie angeboten werden. Eine allgemeine psychotherapeutische Weiterbildung befähigt allgemein zur Erkennung und Behandlung aller psychiatrischer Erkrankungen. Ob Sie sich persönlich bei einer speziellen Trauerbegleiter*in oder bei einer allgemeinen Psychotherapeut*in wohler fühlen, hängt von Ihren Bedürfnissen und auch von ihrer Krankenversicherung ab. Zu Psychotherapeut*innen wird geraten, wenn sich neben dem natürlichen Trauerverlauf eine ernsthafte psychiatrische Störung entwickelt hat.

Haben Sie schon einmal darüber nachgedacht, für sich ein solches Angebot aufzusuchen? Was würde Ihnen entsprechen?

Ist Trauerberatung eine Krankenkassenleistung?

Wenn ich Trauerberatung anbiete, werde ich oft gefragt, ob das über die Krankenkasse abgerechnet werden kann. Die erste Antwort ist meistens: leider nein. Trauer ist ein gesunder Prozess. Auch wenn Trauer sehr schmerzhaft und belastend ist und den Boden unter den Füßen wegziehen kann. Trauer ist die gesunde Reaktion auf einen Verlust. Insofern gibt es – bis jetzt – noch kein Krankheitsbild Trauer. Es gibt Krankheitsbilder, die aus verschleppter Trauer oder aus komplexen Trauerprozessen entstehen können wie z.B. eine Depression. Diese gelten dann als krankheitswertig. Ebenso kann man sich behelfen mit der Diagnose „Anpassungs- und Belastungsstörung", die anzeigt, dass jemand wegen eines akut belastenden Lebensereignisses aus der Bahn geworfen ist wie z.B. bei einer Scheidung, bei Mobbing oder bei einem Todesfall.

In den jetzigen diagnostischen Manualen, in dem in Deutschland gebräuchlichen ICD 10, ist keine Trauerstörung definiert. Das ICD 10 listet alle Formen von gesundheitlichen Störungen auf und verschlüsselt sie in einer Kombination aus Zahlen und Buchstaben. Das ist die Zahlen- und Buchstabenkombination, die Sie z.B. auf einer Krankmeldung als Diagnose finden. Die psychischen und psychiatrischen Diagnosen werden im Kapitel F zusammengefasst. Hier finden sich alle Störungen von Depressionen bis zu schweren psychiatrischen Erkrankungen wie Schizophrenie.

Viele Störungen, die wir erwarten würden, sind immer noch nicht erfasst, wie z.B. der Burn out oder das Mobbingopfer oder eben die Trauerstörung. Mit jeder neuen Auflage kommen neue Störungskategorien hinzu. Andere Störungen fallen weg, da sie als überholt gelten. Was in der Psychiatrie und Psychologie als psychische Störung erfasst wird, ist auch zeitlichen Veränderungen und neuen wissenschaftlich begründeten Ansichten unterworfen. Als Indizien für eine Störung gelten allgemein: Leidensdruck bei der Person selbst, Leidensdruck bei den umgebenden Menschen, von der gesellschaftlichen Norm abweichendes Verhalten, Funktionseinschränkung im Alltag und Leistungseinbußen im Alltag.

Was wir als gesellschaftliche Norm für gesunde Trauer empfinden, hat sich in den letzten hundert Jahren sehr geändert. Galt früher ein Trauerjahr mit einem Jahr schwarzer Kleidung als normal, ist es heute so, dass bei einem Trauerfall gerade mal ein oder zwei Tage Sonderurlaub gewährt werden. Die Gesellschaft verlangt von Trauernden meist sehr schnell ein normales Funktionieren und sich wieder Eingliedern in den Alltagsprozess. Ein Satz, den ich in der Trauerberatung sehr oft höre, ist, „Ich komme nicht darüber hinweg." Oder auch „Ich hätte nicht gedacht, dass das so lange dauert!" Oft wird so eine Aussage schon wenige Wochen oder Monate nach dem Tod und der Bestattung gesagt. Unsere Vorstellungen, wie lange gesunde Trauerprozesse dauern, haben sich in den letzten Jahren sehr verändert.

Bei der Überarbeitung eines neuen ICD 11 soll eine neue Kategorie eingeführt werden, deren Namen noch diskutiert wird: Evtl. wird sie Komplexe Trauerstörung oder Prolongierte Trauerstörung heißen. Dann kann eine solche Diagnose im Falle eines erschwerten Trauerprozesses gestellt werden. Unklar ist, ob die Diagnose wie in Amerika bereits 14 Tage oder erst ein halbes Jahr oder ein Jahr nach dem Todesfall diagnostiziert werden kann.

Nach der Umstellung des DSM IV auf das DSM V gab es in Amerika für die dortigen Psychiater und Psychologen nämlich die Möglichkeit, eine komplexe Trauerstörung bereits 14 Tage nach dem Trauerfall diagnostizieren zu können... (Das DSM ist das Diagnostische und standardisierte Manual der Amerikanischen Psychiatrischen Vereinigung) Ist das sinnvoll? Hat das Vorteile? Werden hier Menschen für krank und behandlungsbedürftig erklärt, die ganz normalen Prozessen unterliegen? Der Nachteil einer zu frühen Diagnose ist die medikamentöse Therapie mit Antidepressiva. Der Vorteil einer solchen Störungskategorie ist die Möglichkeit der ärztlichen Arbeitsunfähigkeitsbescheinigung und der Behandlung mit Psychotherapie auf Krankenschein.

Doch zurück zu den deutschen Verhältnissen. Wir haben hier eine solche Kategorie noch nicht. Daher müssen Menschen, die Trauerberatung erfahren wollen, diese entweder selbst bezahlen oder zu einem Kassenpsychotherapeuten gehen, der meistens nicht auf Trauerberatung spezialisiert ist. Kassenpsychotherapeuten stellen dann eine Ersatzdiagnose, eben Depression oder Anpassungs- und Belastungsreaktion. Allerdings haben sie längere Wartezeiten auf einen Therapieplatz.

Professionelle Trauerberater*innen haben ganz unterschiedliche Grundberufe, sind selten Psycholog*innen, meistens eher Sozialarbeiter*innen, Bestatter*innen, Erzieher*innen oder kommen aus ganz anderen Berufen. Manchmal ist eine Kostenerstattung durch die Krankenkasse möglich, wenn die Berater*in eine Zulassung nach dem Heilpraktikergesetz für Psychotherapie hat. Auch hier muss dann wieder eine Ersatzdiagnose gestellt werden.

Manche Menschen möchten aber gar keine psychiatrischen Diagnosen in ihren Krankenkassenunterlagen erscheinen lassen. Denn diese können zu Schwierigkeiten führen z.B. bei der Verbeamtung, beim Abschließen von Berufsunfähigkeitsversicherungen oder Lebensversicherungen. Daher zahlen manche Menschen lieber eine private Rechnung ohne Diagnosenstellung.

Was kostet Trauerberatung? Eine Einzelberatung kann zwischen 45 und 100 Euro kosten. Eine Gruppenberatung zwischen 10 und 30 Euro. Gruppenberatungen werden in der Regel nicht durch die Krankenkassen erstattet. Leider gibt es hier auch keine Anrechnung als gesundheitlicher Prophylaxekurs wie z.B. bei Yoga oder bei der Rückenschule. Obwohl die Beratung im Trauerfall davor schützt, eine Depression zu entwickeln…

Wenn Sie eine Trauerberatung benötigen, erlauben Sie sich diese Hilfestellung. An den Kosten soll es nicht scheitern. Viele Trauerberater*innen bieten auch Sozialtarife an. Alternativen sind gemeinnützige Beratungsstellen, die aber meist kirchlich-seelsorgerlich geprägt ist. Viele Hospizdienste bieten auch Trauerberatung auf Spendenbasis an.

Sie finden Trauerberatung als Angebot von Bestatter*innen, von kirchlichen Beratungszentren, von Hospizdiensten und von selbständigen Trauerbegleiter*innen. Die Homepage des Bundesverbands Trauerbegleitung listet Trauerbegleiter*innen nach Bundesland auf.

Die Funktion des Freundeskreises

Menschen mit Trauererfahrungen benötigen nicht immer professionelle Beratung und Begleitung. Als Faustregel gilt, in einer Trauerphase fünf gute Freundschaften zu benötigen, die sich nicht zurückziehen, sondern dranbleiben und immer wieder behutsame, taktvolle Kontaktangebote machen, die sich nicht abschrecken lassen, wenn der Trauernde oder die Trauernde sich selbst zurückzieht und dann nach einiger Zeit wieder ein Kontaktangebot machen.

Viele Menschen im fortgeschrittenen Lebensalter haben nicht mehr so viele Freundschaften. Sie benötigen daher jetzt neue Kontakte, die sie vielleicht über ein Trauercafé finden können. Gleichzeitig ist aber durch die Trauer das Anbahnen neuer Kontakte erschwert. Menschen mit Trauer ziehen sich auch selbst aktiv zurück, weil ihnen in ihrer Verfassung gesellige Anlässe fremd sind.

Wenn Sie Trauernde im Freundeskreis haben, gehen Sie immer wieder behutsam auf sie zu. Machen Sie immer wieder ein Angebot. Fragen Sie nicht einfach „Wie geht es?" ohne Zeit zu haben. Trauernde Menschen sind sehr sensibel dafür, wer die Frage „Wie geht es Ihnen?" wirklich ernst meint oder wer sie nur als Floskel nutzt. Wer wirklich Zeit zum Zuhören hat. Stellen Sie die Frage daher nur, wenn Sie wirklich Zeit haben.

Wie wollen Sie als Freundeskreis mit Trauer umgehen? Wie erleben Sie als Trauernde Ihren Freundeskreis? Fühlen Sie sich ausreichend unterstützt?

Trauer um die Eltern

Wenn die Eltern sterben, wechselt die Generation. Gefühle von Trauer, Veränderung und Verunsicherung machen sich breit. Die zurückbleibenden Söhne und Töchter, jung, mitten im Leben stehend oder selbst schon rentennah, stellen fest, dass sie jetzt die älteste Generation in ihrer Familie sind. Es kann sich auch ein Gefühl einstellen von plötzlich verwaist sein. Das innere Kind, das sich immer an den Eltern orientiert hat, scheint plötzlich elternlos. Dennoch haben wir unsere Eltern zutiefst verinnerlicht, und dieser verinnerlichte Teil bleibt uns erhalten. Im positiven wie im negativen Sinne.

Meistens ist viel zu regeln, eine Wohnung aufzulösen oder auch nur ein Zimmer im Pflegeheim zu räumen. Vielleicht fallen Ihnen dabei viele alte Erinnerungsstücke in die Hand und Sie denken sich: Ich hätte meinen Vater / meine Mutter so gerne noch so vieles gefragt. Was hat ihm oder ihr dieses Bilderalbum, jene alte Zeitung, diese Münzsammlung bedeutet?

Vielleicht ist eine längere Krankheitsphase vorangegangen, in der sich Vater oder Mutter schon sehr verändert haben, wie z.B. bei Demenz oder Krebs. Während solcher Prozesse hat dann oft schon schleichend ein Generationswechsel oder Generationstausch stattgefunden. Die eigenen Eltern wurden hilfloser, gebrechlicher, und die Kinder mussten für sie sorgen, viele Dinge organisieren. Die Sorge um die Pflege und um die Betreuung hat vielleicht Monate oder Jahre Ihres Lebens bestimmt. Jetzt ist da plötzlich eine Lücke. Der Mensch, um dessen Pflege und Betreuung sich vieles drehte, ist nicht mehr da. Gemischte Gefühle können auftreten von Dankbarkeit, Trauer und auch Erleichterung.

Bei der Abwicklung des Nachlasses und des Erbes kann es versöhnlich zugehen. Oft bricht auch alter Geschwisterstreit wieder auf. Geschwister, die nahe bei den Eltern wohnten, haben eine andere Rolle, als Geschwister, die weiter weg wohnten. Schuldzuweisungen, alte Konkurrenzen, Irritationen können plötzlich wieder auftreten. Und es geht nicht einfach ums Geld. Es geht, vielleicht ein letztes Mal darum, die Wertschätzung durch die Eltern zu erfahren. Vielleicht wird Ihnen klar, was alles ungesagt blieb, und dass Sie bestimmte Dinge nie von ihren Eltern bekommen haben. Die völlig unvoreingenommene Liebe, die Sie als Kind verdient hätten. Da kann es schmerzlich sein, sich einzugestehen, dass das jetzt auch nicht mehr nachzuholen ist.

Wenn die alten Eltern gehen, wechselt die Generation. Es beginnt ein neuer Abschnitt, in Ihrem Leben, in Ihrer Familie. Trauer und Unsicherheit sind jetzt völlig normale Gefühle. Vielleicht brauchen Sie eine neue Orientierung, eine neue Zielbestimmung für Ihr Leben. Oder einen geschützten Ort, wo Sie die Gefühle zu Ihren Eltern noch einmal anschauen und würdigen können. Erlauben Sie sich das. Nicht nur die Trauer um Ehepartner oder Kinder ist wertvoll und intensiv, auch die Trauer um alte Eltern kann das sein. Ob diese glücklich und lebenssatt oder nach langer Krankheit gestorben sind, es ist ein großer Verlust eines vertrauten Menschen. Trauer kann nicht miteinander verglichen und bewertet werden. Jede und jeder geht da seinen eigenen Weg.

Wenn Sie den Wunsch nach einer Trauerbegleitung oder einem kurzen, persönlichen Coaching für sich haben, um diesen Generationswechsel gut für sich zu gestalten, erlauben Sie sich das! Vielleicht fühlen Sie sich ein bisschen wie verwaist, auch wenn Sie selbst schon lange kein Kind mehr sind. Vielleist stellt sich auch neu die Frage, welche Werte Ihrer Eltern Sie übernehmen möchten, welche Sie jetzt ablegen und zurückweisen möchten.

Trauer um eine*n Partner*in

Menschen, die Ihre*n Partner*in verloren haben, fühlen sich manchmal wie amputiert. Die zentrale Person des tagtäglichen Lebens fehlt. Alles ist völlig anders. Die Wohnung ist jetzt immer leer, wenn Sie heimkommen. Da ist kein Mensch mehr, der sie erwartet. Oder die Sorge um die Kinder ist jetzt alleine zu tragen. Der Mensch, mit dem Sie tagtäglich alles besprochen haben, ist nicht mehr da. Es fällt schwer, für sich alleine zu kochen, der Appetit ist oft weg. Die Nächte sind unter Umständen von Schlafstörungen verquält. Wenn die erste Zeit der Kondolenzbesuche vorbei ist, ist jeder Sonntagnachmittag eine Quälerei.

Es fällt schwer, eine neue Tagesstruktur zu finden. Viele alltägliche Dinge scheinen ihren Sinn verloren zu haben. Es braucht einen neuen Tagesablauf. Die Stimmungsschwankungen können unerträglich sein. Es gibt Tage, da glauben Sie, alles wäre schon fast überwunden, und dann gibt es wieder Tage, wo die Trauer wie ein großes schwarzes Loch ist, das alles zu verschlingen droht.

Vielleicht ertappen Sie sich dabei, dass Sie im Inneren oder sogar laut mit dem Partner*in sprechen. Oder ihn/sie für Bruchteile von Sekunden in der Wohnung vor sich sehen. Das sind normale Trauererscheinungen. Manche Trauernde haben Angst, verrückt zu werden, wenn sie solche Dinge an sich beobachten.

Vielleicht gehen Sie in Gedanken die Entscheidungen, die Sie in der Endphase der Erkrankung treffen mussten (im Krankenhaus oder Pflegeheim, die Entscheidungen zur Bestattung) immer wieder durch. Vielleicht spüren Sie Erleichterung, dass die lange Zeit der Pflege und Erkrankung überstanden ist, vielleicht spüren Sie auch immer wieder Schuldgefühle. Forschungen haben gezeigt, dass sehr viele Trauernde immer wieder über Schuldgefühle klagen, ja dass dieser Prozess zur Trauer dazu zu gehören scheint. Es heißt nicht, dass Sie Schuld tragen, wenn Sie diese Gefühle an sich beobachten, sondern der ganze Prozess gehört zur Trauer dazu.

Tragende Rollen im Alltag müssen jetzt neu gefüllt werden. Paare haben oft im Zusammenleben eine sehr feste Rollenteilung entwickelt. Während der eine sich um Bank, PC, Auto und Heimwerken kümmert, ist die andere mehr für Kochen, Bügeln und Putzen zuständig. Jetzt müssen immer öfter andere Menschen um Hilfe gebeten werden oder Hilfe neu organisiert werden.

Dann kommt der schwere Prozess des Aussortierens von Kleidung, vielleicht wollen Sie auch irgendwann das Schlafzimmer anders gestalten. Ihre Kinder oder Freund*innen drängen Sie vielleicht, damit schnell voran zu kommen. Lassen Sie sich auch hier Ihre Zeit und lassen Sie sich vielleicht ein, zwei Stücke als besondere Erinnerung. Es geht nicht darum, alles loszulassen, Sie dürfen auch ein paar Dinge festhalten, die Ihnen Trost spenden und wichtige Erinnerungsstücke darstellen.

Der Kontakt zu anderen Witwern und Witwen kann jetzt hilfreich sein, wie er z.B. in einer Trauergruppe oder Trauercafé möglich ist. Hier treffen Sie Menschen mit ähnlichen Sorgen und Nöten und finden vielleicht sogar neue Kontakte auf einer anderen Grundlage. Menschen, mit denen Sie sich für einen Sonntagnachmittag verabreden können.

Trauer um Geschwister

Geschwister sind besondere Menschen, die unsere Kindheit geteilt haben. Sie hatten die gleichen Eltern, wir teilen viele gemeinsame Kindheitserinnerungen mit Ihnen und sind in dem gleichen Elternhaus mit ähnlichen Prägungen aufgewachsen. Es spielt keine Rolle, ob es ein glückliches Elternhaus mit viel Liebe oder ein dysfunktionales Elternhaus mit viel Schmerz und Leid gewesen sein. Sie sind gemeinsam darin groß geworden, haben ähnliche Anpassungsleistungen erbracht und ein gemeinsames Rollengefüge gebildet. Geschwisterbeziehungen sind nicht spannungsfrei, Konkurrenz ist oft ein Thema, z.B. Konkurrenz um die Liebe und Aufmerksamkeit der Eltern sein, um Erbe, um die bessere Lebensleistung, den besseren Lebensentwurf. Dennoch wissen wir, dass unsere Geschwister eng vertraute Menschen in unserer Kindheit waren, auch wenn die Beziehung heute vielleicht nicht so einfach ist.

Wenn ein Geschwisterteil stirbt, stirbt ein Stück gemeinsame Kindheit. Eine wichtige Rolle im Familiensystem ist auf einmal leer. Vielleicht müssen wir jetzt unsere Eltern stützen, vielleicht sind wir als Tante oder Onkel von Kindern des Geschwisterteils jetzt ganz besonders gefordert. Gerade Patenonkel und Patentante sein ist in der Situation eine ganz wichtige Aufgabe.

Anders als beim Tod von Eltern in der Familie findet dieser Tod in unserer Generation statt. Unsere eigene Sterblichkeit wird uns schmerzlich bewusst. Wir sind gefordert, in der

Familie neue Rollen und Verantwortlichkeiten zu übernehmen.

Wenn wir im Streit mit unserem Geschwisterteil waren, kann es sehr schmerzen, wenn dieser Streit nicht mehr aufgelöst werden konnte, wenn Distanz und Unversöhnlichkeit die letzten Monate oder Jahre prägten. Wenn unsere Geschwister enge, gute Vertraute waren, fehlt ein Mensch, mit dem wir ganz viel Nähe, Erinnerungen und Geschichte teilen.

Es kann ein Druck entstehen, den Eltern jetzt etwas zu ersetzen oder dem Rest der Familie jetzt in besonderer Weise beizustehen. Achten Sie hier gut auf sich. Sie können den geliebten Bruder oder die geliebte Schwester nicht ersetzen. Die Lücke im Familiensystem wird bleiben. Es geht darum, dass Sie jetzt Ihren eigenen Weg finden, weiterzuleben ohne diesen Bruder oder diese Schwester.

Trauer um gute Freunde

Wenn ein guter Freund oder die beste Freundin sterben, ist das eine Trauer außerhalb der Familienbande. Es gibt keine offizielle Trauerreaktion dafür, keinen Tag Sonderurlaub. Es ist eine Trauer, die oft unsichtbarer bleibt, vom Umfeld nicht so gewürdigt wird. Dennoch ist es eine sehr bewegende Verlustsituation, die ein Leben sehr verändern kann. Vielleicht haben Sie mit Ihrer besten Freundin sehr regelmäßig telefoniert, sie sehr oft gesehen und sie war immer für Sie da. Oder Ihr bester Freund war ein treuer Kumpel, der immer erreichbar war, mit Ihnen Umzugskisten geschleppt hat, Reisen gemacht hat, an jedem Geburtstag dabei war und die Höhen und Tiefen Ihres Lebens kennt.

Auch diese Trauersituation trifft die eigene Generation und eröffnet Gedanken um die eigene Sterblichkeit. Es fehlt ein sehr vertrauter Mensch, der zwar nicht im eigenen Haushalt oder in der eigenen Familie gelebt hat, den ich mir aber freiwillig als vertraute Person ausgesucht hatte. Es fehlt ein Mensch, der mir viel bedeutet hat und der oder die viele Seiten von mir kennt, die ich nur wenigen vertrauten Menschen gezeigt habe. Nicht selten zerbricht dieser Freundeskreis jetzt daran, wie die Trauer zu bewältigen ist. Jeder geht anders damit um. Anders als die Familie, die gemeinsam weiterlebt, geht der Freundeskreis jetzt auseinander, weil diese Person, die ihn gebunden hat, nicht mehr da ist.

Trauer um gute Freunde will gewürdigt werden, will auch Zeit und Raum bekommen, braucht Zeit. Freundschaft ist ein sehr kostbares Gut und Menschen, die lange für uns da waren, sind nicht so schnell wieder zu ersetzen. Dazu kommt oft die Unsicherheit, wie soll ich mich gegenüber der Familie des Verstorbenen verhalten. Ich trauere um eine Freundschaft, möchte mich der Familie aber nicht aufdrängen. Vielleicht gehen Sie noch zur Beerdigung mit, sind aber bei dem anschließenden Kaffeetrinken gar nicht mehr einbezogen. Sie wollen dann eigene Wege finden, mit der Trauer fertig zu werden.

Trauer um ein Kind

Wenn ein Kind vor den Eltern stirbt, ist die natürliche Sterbefolge umgekehrt. Das Kind kann sehr früh und plötzlich sterben oder nach langer Pflege und Erkrankung. Eltern in dieser Lebenssituation berichten immer wieder, dass Ihr gesamter Lebensentwurf in Frage gestellt ist. Der Austausch mit gleich betroffenen Eltern wie z.B. in der Initiative „Verwaiste Eltern und Geschwister" kann eine große Hilfe sein. Menschen, die um Ihre eigenen Kinder trauern, haben einen Menschen verloren, der Ihnen anvertraut war, dem sie selbst das Leben geschenkt haben. Das Kind, das großgezogen, aufgewachsen, gehegt, gepflegt und geliebt war, ist jetzt nicht mehr da. Unerträglich kann es da sein, mit anderen Familien zusammen zu sein, deren Kinder noch gesund sind und weiterleben. Der Schmerz, dass das eigene Kind nicht mehr da ist, kann alle Lebensfreude auslöschen und das gesamte Leben sinnlos erscheinen lassen.

Menschen, die um ihre eigenen Kinder trauern, fühlen sich in gemischten Trauerangeboten, bei denen auch Witwen und andere Trauernde sind, oft fehl am Platz. Ihre eigene Trauer ist so groß und es kommt dann oft zu völlig unnötigen Vergleichen, die die Trauerbearbeitung behindern. Daher empfinde ich als Trauerbegleiterin eigene Angebote für betroffene Eltern als sinnvoller.

Die Trauer kann für die Ehe eine sehr große Belastung sein, da z.B. Vater, Mutter, Großeltern und weiterlebende Geschwister jeweils einen ganz unterschiedlichen Trauerstil haben können. Jede und jeder versucht auf eigene Art, damit umzugehen, und diese unterschiedlichen Wege können zu

Entfremdung führen statt zu dem notwendigen und ersehnten Zusammenhalt.

Das Auflösen des Kinderzimmers, das Weggeben des Spielzeugs und der Kindermöbel kann eine ganz schwere Aufgabe sein. Lassen Sie sich damit Zeit. Bemerkungen der Umgebung wie „Ihr könnt doch noch Kinder kriegen…" sind sehr kränkend und lösen das Gefühl aus, sich in der Trauer um dieses konkrete Kind gar nicht verstanden zu fühlen.

Auch das Versterben erwachsener Kinder ist für alte Eltern eine große Herausforderung. Die Kinder, die für das eigene Alter sorgen sollten, sind jetzt nicht mehr da, sind keine Stütze mehr, waren vielleicht lange vorher schon erkrankt und die alten Hilferollen waren wieder da. Es ist sehr, sehr schmerzlich, sich von verstorbenen Kindern zu verabschieden, die die Freude im Alter waren und jetzt nicht mehr da sind.

Ein sehr früher Tod, durch eine Fehlgeburt oder direkt nach der Geburt beendet das kindliche Leben, bevor es sich entfalten durfte. Hierfür hat die Initiative Regenbogen ein eigenes Forum geschaffen. Es kann eine tröstliche Erinnerung sein, vor der Bestattung vom dem Kind Fotos zu machen. Durch die hormonelle Umstellung direkt nach der Schwangerschaft kann die Trauerreaktion bei der Mutter noch heftiger ausfallen und die ohnehin starken Stimmungsschwankungen verstärken. Der Besuch von Schwangerennachsorgeangeboten fällt doppelt schwer, da kein Baby dabei ist.

Die Trauer um ein Kind braucht sehr oft eine professionelle Begleitung oder den Austausch in einer guten Selbsthilfegruppe, da der Verlust einer Lebensperspektive, eines ganzen

Lebensentwurfes hier im Vordergrund steht. Holen Sie sich die Unterstützung, die Sie brauchen.

Trauer nach Suizid

Der Suizid ist eine besondere Form des Todes, da er frei gewählt ist. Es verändert den Trauerprozess der Hinterbliebenen grundlegend, wenn Suizid die Todesursache ist. Selbstvorwürfe, Schuldgefühle, die quälend immer wiederkehrende Frage, ob es nicht zu verhindern gewesen wäre, prägen hier die Trauererfahrung sehr. Wenn Trauernde den Verstorbenen fanden oder identifizieren mussten, kann diese Erfahrung äußerst traumatisch sein. Hinzu kommt die immer noch bestehende Tabuisierung von Suizid, die es anderen schwerer macht, zu kondolieren, Anteilnahme auszudrücken und den Trauernden jetzt beizustehen.

Es fällt Trauernden nach Suizid auch meist schwerer, mit anderen über ihre Trauer zu sprechen, weil die Tabuisierung dieser Todesursache weit verbreitet ist. Erlauben Sie sich, sich professionelle Unterstützung zu holen, wenn Ihr Umfeld sich stark zurückzieht oder sich nicht sinnvoll verhält.

Eine Selbsthilfeorganisation, die sich diesem Thema gewidmet hat, ist AGUS, Angehörige um Suizid. In manchen Familien finden sich Häufungen von suizidalen Handlungen, was entweder durch vererbte Neigung zu Depressionen oder familiäre Muster erklärt wird. Hier ist eine professionelle Beratung wichtig, um nicht selbst in ein Muster aus Depressionsgefährdung und Suizidgedanken zu geraten.

Briefe an verstorbene Menschen schreiben

Trauertherapeuten empfehlen manchmal, Briefe an Verstorbene zu schreiben. Das mag im ersten Moment befremdlich klingen. Das innere Zwiegespräch mit dem Verstorbenen, mal leise, mal sogar laut ausgesprochen, ist vertraut und gehört zum Trauerprozess dazu. Warum Briefe an einen Verstorbenen schreiben? Und was macht man dann damit? Manche Menschen nutzen im Trauerprozess diese Technik, um die eigenen Gedanken und Gefühle zu ordnen.

Mit dem Tod ist das Leben des geliebten Menschen unwiderruflich zu Ende gegangen. Die direkte Kommunikation mit Rede und Antwort ist unwiderruflich abgebrochen. Es können keine Fragen mehr gestellt werden, direkten Antworten bleiben aus. Viele Trauernde quälen sich mit Schuldgefühlen, mit Fragen um Versäumnisse, würde vieles gerne noch einmal ausdrücken. Manche Trauernde träumen von dem Verstorbenen und manche Trauernde berichten von sehr eindrücklichen Träumen. Trauernde können innerlich mit der verstorbenen Person sprechen, ja manchmal scheint es sogar für Bruchteile von Sekunden, als sähen sie ihn oder sie vor mir. Briefe schreiben ergänzt die innere Zwiesprache um eine äußere Form, bei der Sie sich ordnen und ausdrücken können. Sie können noch mal alles ausdrücken, schreiben und beklagen. Sie können Ihre ganze Wut ausdrücken, Ihre Trauer, Ihre Einsamkeit, Ihre Sehnsucht nach dem verstorbenen Menschen.

Sie können einen oder mehrere Briefe schreiben, zu unterschiedlichen Zeitpunkten. Dann werden sie zu einer Art Trauertagebuch und Sie können sehen, was für einen Prozess

Ihre Trauer mit der Zeit nimmt. Trauer ist nicht jeden Tag gleich. Menschen mit Trauer durchleben vielfältige Stimmungsschwankungen. Manche Tage ist der Schmerz erträglich, an anderen Tagen zerfrisst er die Seele. Weihnachten, Geburtstage, Hochzeitstage können schwere Tage sein, an anderen Tagen ist es schon fast wie überwunden. Sie können die Briefe aufheben, als einen kostbaren Schatz des Trauerprozesses hüten. Sie können Erinnerungen aufschreiben und Fragen, die sich vielleicht nie mehr klären lassen. Sie können festhalten und loslassen. Denn es ist ein großer Irrtum, dass es im Trauerprozess immer nur ums Loslassen ginge. Es geht auch darum, an der Liebe zum Verstorbenen festhalten zu dürfen, ihr einen neuen Platz im Herzen einzuräumen.

Sie können auch andere Dinge mit solchen Briefen machen, sie verbrennen, vergraben oder auf einem Fluss als kleine Schiffchen aussetzen und treiben lassen. Solche symbolischen Handlungen können helfen, das Abschiednehmen weiter zu gestalten. Noch einmal einen Abschiedsbrief zu schreiben, zu schreiben, lebe wohl, ich danke dir, ich werde dich vermissen, du warst mein ein und alles oder mein bester Vater oder eine schwierige Mutter, kann sehr heilsam sein. Schreibtherapie ist eine hilfreiche Form, in der unzensierten Weise auf dem geduldigen Papier Dinge auszudrücken, die man sonst nicht aussprechen würde.

Auch bei Kontaktabbrüchen kann es sehr hilfreich sein, den inneren Dialog fortzusetzen, indem ich weiter schreibe, auch wenn ich die Briefe nicht abschicke. Therapeutische Briefe zur Trauer- und Abschiedsbewältigung sind ein wichtiges Mittel in der Trauerbegleitung.

Probieren Sie es aus, ob es Ihnen liegt oder ob Ihnen das Medium fremd bleibt. Manch einer schreibt Briefe, ein anderer kriegt den Blues und macht lieber Musik oder geht spazieren. Wenn es Ihnen anfangs schwer wird, setzten Sie sich mit dem Blatt hin, schreiben die Anrede und lassen es auf sich wirken. Welche Gedanken kommen Ihnen als erstes? Schreiben Sie unzensiert alles auf. Niemand außer Ihnen selbst wird diesen Brief je lesen. Es ist ihr persönlicher, emotionaler und geistiger Freiraum, in dem Sie noch einmal alles ausdrücken können, was ungesagt blieb oder was Ihnen jetzt an Gefühlen und Gedanken zu schaffen macht. Schreiben Sie ganz offen, wie an einen lieben und vertrauten Menschen, so wie früher, als Sie sich noch Briefe oder Emails geschrieben haben.

Ein Trauertagebuch schreiben

Eine andere Form, die Trauer schreibend zu bewältigen, ist ein Trauertagebuch. Sie notieren darin Ihre Gedanken und Gefühle, die Sie in den Tagen und Monaten der Trauer durchleben. Suchen Sie sich ein schönes Heft oder ein schönes Schreibbuch aus oder nutzen Sie ein im Fachhandel angebotenes, dafür vorbereitetes Buch. Sie können dieses Buch ganz für sich alleine nutzen oder in Ihrer Trauerbegleitung mit einfließen lassen.

Die Trauererfahrung aufzuzeichnen und dann auch nachlesen zu können, kann ein ganz wertvoller Schatz sein in dieser Zeit. Wenn Sie es einige Wochen machen, merken Sie, durch wie viele Höhen und Tiefen Sie gegangen sind und es durchlebt haben, ohne sich selbst aufzugeben. Der Trauerprozess ist Ihr Weg zu sich selbst, in der neuen Lebenssituation. Dabei begleiten Sie sich selbst, indem Sie es aufschreiben, was Ihnen durch Kopf und Herz geht.

So ein Trauertagebuch kann auch eine Hilfestellung sein, wenn Sie niemanden sonst belasten möchten oder das Gefühl haben, die anderen hören Ihnen nicht mehr richtig zu. Notieren Sie Ihre schönsten Erinnerungen und auch belastende Erlebnisse. Schreiben Sie es sich von der Seele.

Spirituelle Hilfe

Seelsorge, Meditation, alle Formen der spirituellen Hilfe können ein auch Weg sein, sich Hilfestellung in der Zeit der Trauer zu holen. Es hängt von Ihrem spirituellen Weltbild ab, ob Sie vor der Trauer eine Beziehung zu Gott oder einer höheren Macht hatten. Es kann sein, dass dieses sonst tröstliche, vertrauensvolle spirituelle Erleben jetzt durch die Trauer schwer in Frage gestellt ist. Vielleicht erleben Sie die Trauer als eine große Phase der Gottesferne. Viele kirchlichen Formeln erscheinen auf einmal fremd. Die Frage nach dem Warum ist quälend. Wenn es Ihnen entspricht, suchen Sie Hilfe bei Seelsorger*innen oder spirituellen Lehrer*innen oder suchen Sie Antworten im Gebet.

Die christlich-jüdische Tradition hat hierfür das Bild der Klagemauer geschaffen. Alle Gefühle der Wut, des Zorns, der Trauer dürfen nach dieser Tradition vor der göttlichen Kraft geäußert werden. Vielleicht hilft es Ihnen auch, eine kleine Gedenkecke in Ihrem Haus oder in Ihrer Wohnung einzurichten. Ein Bild vom Verstorbenen, eine Blume, eine Kerze, eine Ecke des Gedenkens, des Gebets und des Rückzugs, wo Sie mit Ihren Gedanken und Gefühlen sein dürfen.

Vielleicht verändert sich Ihre Spiritualität jetzt in der Zeit der Trauer. Haben Sie mit sich Geduld, seien Sie liebevoll und fürsorglich zu sich selbst. Wenn es Ihnen gut tut, pflegen Sie Kontakte mit Menschen der gleichen Weltanschauung, das kann sehr tröstlich sein.

Das bewusste Erleben des Jahreskreises kann ebenfalls ein Bild dafür sein, wie Sie durch Ihre Trauer gehen. Mit

Gedenktagen, jahreszeitlichen Feiern erleben Sie das erste und zweite Trauerjahr bewusster. Wachstum in der Natur geschieht durch harte Winter, durch Frühlingsblumen, durch ein Reifen der Früchte und durch ein Welken und Ernten im Herbst. So durchläuft auch unsere Seele in der Trauer ganz unterschiedliche Jahreszeiten und Wetterwechsel. Wenn Sie die Jahreszeiten bewusst in Ihr Leben lassen und gestalten, können Sie vielleicht daraus Trost schöpfen.

Trauernde erleben starke Stimmungsschwankungen und so kann der Wechsel des Wetters, der Wechsel der Jahreszeiten ein Bild dafür werden, wie die Stimmungen der Seele wechseln und sich wandeln.

Unsere Kultur verortet Trauer im Herbst, und so sind die Novembertage mit ihren klassischen Gedenktagen für viele Trauernde nicht einfach. Aber auch der Frühling, wenn draußen alles zu blühen und zu jubilieren scheint, ist für Trauernde nicht einfach zu durchleben, da er in herbem Kontrast zum eigenen inneren Erleben steht.

Schlussworte

Vielleicht haben Sie in der Zeit der Trauer viele Formeln und Floskeln gehört wie z.B. „Zeit heilt alle Wunden". Jetzt ist nach der Bestattung schon einige Zeit vergangen und Sie haben sich auf die Suche nach Hilfe gemacht, weil nichts von selbst zu heilen scheint. Die Trauer ist wie ein großer Berg, von dem Sie täglich eine kleine Kante wegschaben in mühevoller Kleinarbeit. Irgendwann werden Sie alles abgearbeitet haben und es wird ein kleiner, rund geschliffener Edelstein übrig bleiben, den Sie als Erinnerung an den geliebten Menschen immer mit sich tragen. Lassen Sie sich nicht sagen, Sie müssten alles loslassen. Sie dürfen die Erinnerungen auch festhalten. Sie dürfen Ihren eigenen Weg gehen mit der Trauer, alleine, mit professioneller, freundschaftlicher und bzw. oder seelsorgerlicher Hilfe.

Ich wünsche Ihnen, dass diese kleine Broschüre Ihnen geholfen hat, sich selbst in der Trauer besser zu verstehen und die Hilfe für sich zu finden, die Sie für sich brauchen und die Ihnen gut tut.

Literaturverzeichnis

Johannes Albrecht, Norbert Mucksch: „Trauerstörung", Zeitschrift für Palliativmedizin, 2017, 18, S. 28-35

Renata Bauer-Mehren, Karina Kopp-Breinlinger und Petra Rechenberg-Winter(Hrsg.): „Kaleidoskop der Trauer", Roderer Verlag, Regensburg, 2003., S. 281- 294

Christina Flüeler und Simon Forstmeier: „Normale und prolongierte Trauer, Abgrenzungen, Diagnosen und Modelle" in Psychotherapie im Alter, Hrsg. von S. Forstmeier et al. Heft 4, 10. Jahrgang 2013, S. 425-437

Sigmund Freud: „Trauer und Melancholie", Frankfurt, Fischer 1917, 1981

Jan Gramm: „Trauerstörung – Wenn der Trauerfluss gestört ist", Zeitschrift für Palliativmedizin, 2017, 18, S. 137-143

Verena Kast „Trauern - Phasen und Chancen des psychischen Prozesses", Kreuz Verlag, Freiburg, 34. Auflage, 2012

Arnold Langenmayr, Einführung in die Trauerbegleitung, Vandenhoeck & Ruprecht, Göttingen, 2013

Julia Langhorst, Solveig Opitz, Gemeinsam Trauern, Kreuz Verlag, Stuttgart, 2008

C.S. Lewis „Über die Trauer", Zürich, Benzinger Verlag, 1998

Meyer, S., Brüning-Wolter, B., Fischinger, E., Rudert-Gerke, R., Stockstrom, C., Trauerbegleitung organisieren, Kohlhammer, Stuttgart, 2016

Monika Müller. Sylvia Brathuhn, Matthias Schnegg, Handbuch der Trauerbegegnung- und –begleitung, Vandenhoeck & Ruprecht, 2013

Chris Paul, „Neue Wege in der Trauer- und Sterbebegleitung", Gütersloher Verlagshaus, 2001

Ruthmarijke Smeding, Margarete Heitkönig-Wilp (Hg.) „Trauer erschließen - eine Tafel der Gezeiten", Der Hospiz Verlag, 3. Auflage. 2014

Yorick Spiegel, Der Prozess des Trauerns, Analyse und Beratung, 1989, Chr. Kaiser Verlag, München

Stroebe M., Schut H. Culture and Grief, Bereavement Care, 1998, 17, pp 7-11

Michael Wissert, „Wirkungen von Trauerbegleitung im Rahmen der emotionalen und sozialen Bewältigung von tiefgehenden und komplizierten Trauerprozessen[TrauErLeben], Weingarten, August 2013," http://www.projekt-trauerleben.de/Wirkungen_der_Trauerbegleitung.pdf , Abruf am 25.5.2017 um 9:20 Uhr.

William Worden „Beratung und Therapie in Trauerfällen". Ein Handbuch. Bern: Huber. 2011

Hansjörg Znoj, „Komplizierte Trauer", Göttingen, Hogrefe, 2004

Hansjörg Znoj, „Ratgeber Trauer: Informationen für Betroffene und Angehörige, Göttingen, Hogrefe, 2005

Über die Autorin

Monika Müller-Herrmann ist Psychologin, Altenpflegerin, Palliative Care Kraft, Trauerbegleiterin und Psychoonkologin. Von Mai 2003 bis Februar 2017 leitete sie eine Hospizgruppe im Rhein-Main-Gebiet und von 2010 bis 2017 das dazu gehörende Trauercaféprojekt.

Sie hat in dieser Zeit 26 Hospizhelferkurse gehalten und 11 Grundkurse für Koordinatorinnen in der Hospizarbeit gemeinsam mit Heinz Hinse angeboten.

Sie hatte die Leitung des Arbeitskreises Hospiz- und Palliativarbeit Rhein Main 2003-2017.

Sie war zwei Jahre ehrenamtliches Vorstandsmitglied im Hessischen Hospiz- und Palliativverband von 2009 bis 2011. Sie war Mitglied in der AG zur Verbesserung der Sterbebegleitung in Hessen des Hessischen Ministeriums für Soziales und Integration 2003-2017

Sie ist Mitglied in der Deutschen Gesellschaft für Palliativmedizin, Sektion Psychologie, und im Bundesverband für Trauerbegleitung.

Seit 2017 ist sie in eigener Praxis als Trauerbegleiterin und Psychoonkologin tätig.

Weitere Veröffentlichungen:

„Mich zieht es zur Hospizarbeit – Motivation von potenti-ellen Ehrenamtlichen in der Hospizarbeit. Eine deskriptive Studie", erschienen 2015 im Grin Verlag.

„Aufbau und Leitung eines Trauercafés - Ein Erfahrungs-bericht", erschienen 2017 im tredition Verlag

Kontakt über

https://www.praxis-mueller-herrmann.de

Oder monika.mueller-herrmann@gmx.de